Pia Dorner

M(ein) Leben als Frau an der Seite eines Chefarztes

Literareon

Bibliografische Information der Deutschen Nationalbibliothek:
Die Deutsche Nationalbibliothek verzeichnet diese Publikation
in der Deutschen Nationalbibliografie.
Detaillierte bibliografische Daten sind im Internet
über http://dnb.d-nb.de abrufbar.

Umschlagabbildung: Pieps | photocase.de

© 2014 Pia Dorner

Printed in EU
Literareon im Herbert Utz Verlag GmbH
Tel. 089 – 30 77 96 93 | www.literareon.de

ISBN 978-3-8316-1756-2

Einleitung

Dieses Buch habe ich geschrieben, um nicht nur einen Teil meiner Lebensgeschichte zu erzählen, sondern auch anderen Betroffenen, mit ähnlichen oder anderen Erlebnissen, die dieses Buch lesen möchten, Mut zu machen. Diese Geschichte widme ich allen Menschen, die mir in der schweren Zeit zur Seite gestanden haben, aber auch denen, die nicht für mich und meine Kinder da gewesen sind. Mein Leben und das meiner Kinder hat diese Geschichte nicht nur durch unsere Erlebnisse beeinflusst, sondern vor allem durch das entstandene seelische Narbengewebe im Nachhinein geprägt und verändert. Heutzutage bin ich soweit, dass ich auch die schönen Erfahrungen, die ich gemacht habe verwerten kann, um meine eigenen, dadurch entstandenen Erkrankungen zu verstehen. Die erfolgte Berufsunfähigkeit öffnete mir auch gleichzeitig eine neue Tür, über die ich heute sehr glücklich bin. Dadurch habe ich Menschen kennengelernt, die nun für mich da sind und denen ich sonst niemals begegnet wäre.

Eingefügte Gedichte sollen dem Leser zwischendurch all meine Empfindungen, die ich zu jenen Zeitpunkten hatte, wiederspiegeln.

Mein Leben als Frau an der Seite eines Chefarztes

Es war herbstlich an jenem Tag 1998, an dem ich einen Menschen begegnen sollte, der mein Leben und das meiner Kinder für immer verändern würde. Als doch mittlerweile erfahrene Krankenschwester, tätig auf einer Privatstation, lernte ich ihn kennen, unseren neuen Chefarzt der Abteilung. Ein großer, stattlicher Mann mit Schnurrbart, einem sehr sympathischen Gesicht und von sehr schlanker Figur. Er lächelte und stellte sich uns allen mit einer mir bis dahin unbekannten Freundlichkeit für Vorgesetzte vor. Der rege Austausch unter uns Pflegenden über diesen doch erst einmal netten Auftritt endete mit der Weisheit: »Auch der ist nur am Anfang so freundlich und nett, wartet nur ab! Nach einer gewissen Zeit wird auch das sich ändern.« Für uns zumindest hatte sich das in der Vergangenheit immer so dargestellt. Der Alltag wird uns das auf Dauer schon noch zeigen, dachten wir.

Für meine Person war es zumindesten die Hoffnung, dass sich dieser Chefarzt auf Veränderungen und Erneuerungen einlässt, was aus gesundheitspolitischen

Gründen unumgänglich war zu dieser doch sich im Umbruch befindlichen Zeit. Uns allen war klar, dass gerade die alte Riege von Chefärzten sich schwer mit dem Strukturwandel im Gesundheitswesen tat. Somit freuten wir uns schon über einen von außen stammenden »Neuling« auf unserer Abteilung.

Mein viertes Kind war zu diesem Zeitpunkt gerade ein Jahr jung und ich hatte mit meinen Hochzeitsvorbereitungen eine Menge zu tun. Mein zukünftiger Ehemann, berufstätiger Assistenzarzt im gleichen Krankenhaus, und ich lebten mit meinen drei Kindern und unserem gemeinsamen Kind in einer Patchworkfamilie zusammen. Als Strahlentherapeuth lernte ich ihn in meinen Nachdiensten 1994 kennen und lieben. Wir pflegten ein gemeinsames Hobby, hatten liebevolle Schwiegereltern, die uns mit unserer großen Familie stets zur Seite standen und noch heute für mich und die Kinder da sind. Ich hätte sonst gar nicht zukunftsrichtend so meine Arbeit in der Klinik nachgehen können, da ihr Sohn als zukünftiger Facharzt kurz vor seiner Prüfung stand und viel lernen musste.

Nach unserer Hochzeit verging die Zeit wie im Flug und ich war mit der Lebenssituation nicht sehr zufrieden. An den Wochenenden war nicht immer Verlass darauf, dass mein Mann, der mittlerweile als Oberarzt im Süden der Republik täig war, nach Hause kommen konnte. In dem Jahr nach unserer Heirat hatte ich sehr viel Arbeit in der Klinik. Ein Kindermädchen kümmerte sich um die Kleinen und abends hatte ich nicht viel weniger zu tun. Waren wir doch beide mit den Wochenenddiensten und Nachtdiensten gesegnet, sodass wir uns nur noch zwischen Tür und Angel sahen.

Ich wuchs quasi zu einer fachbezogenen Krankenschwester heran, die sich auch auf der inneren Abteilung unseres Krankenhauses einen Namen machte. Unser neuer Chefarzt hatte bis zu diesem Zeitpunkt durchgehalten, was uns alle doch sehr erstaunte. Er war zu unseren Patienten sowie zu uns immer noch so aufmerksam, geduldig, mitfühlend, nett und er schien mit der Zeit zu gehen. Klar konnte auch er zwischendurch fluchen und schimpfen, was aber jedem von uns zustand und auch so in Ordnung war. Dieser Mann bildete sich regelmäßig weiter und steigerte somit auch die Ansprüche an uns Pflegenden. Für mich war das alles kein Problem, ganz im Gegenteil. Sein Wunsch, wenn irgend möglich die Visiten mit mir zu gestalten, wuchs von Woche zu Woche. Ich hingegen genoss es, wenn meine Kompetenzen für unsere Patienten in Einvernehmlichkeit mit dem Chefarzt seinen Abnehmer fanden. Wir entwickelten uns zu einem eingespielten Team. Meinem Mann erzählte ich von meinen beruflichen Erfolgen, Fortkommen und dass mich unser Chefarzt sogar mitnehmen wollte zu seinen Fortbildungen.

Ich weiß nicht einmal mehr ganz genau, wann die Frage aufkam, dass unser Chef nun eine Teilermächtigung für eine eigene Ambulanz am Krankenhaus bekommen sollte, um so nun auch im ambulanten Bereich tätig werden zu können. Die Anfrage von Patienten aus den Selbsthilfegruppen und dem Privatpatientenbereich fing an zu steigen. Hatten wir doch schon eine solche Ambulanz am Krankenhaus mit dem vorherigen Chefarzt unserer Abteilung. Therapien wurden aber immer teurer und für die Klinik wurde es täglich wichtiger Kosten auslagern zu können. Irgendwann fragte mich dann unser Chefarzt, ob ich nicht Lust auf eine neue Herausforderung hätte. Er könne es sich sehr gut vorstellen, dass ich für ihn diese Ambulanz, welche am Krankenhaus angeschlossen werden sollte, aufbaue, gestalte und pflegerisch leite. War doch klar, dass ich dieses Angebot nicht ausschlagen wollte. Hatte ich doch nun die Möglichkeit nach meinen Vorstellungen etwas völlig anderes und neues an diesem Krankenhaus aufzubauen. Tatsächlich bekam ich dafür auch freie Hand, was die Einrichtungsvorstellung und Gestaltung meinerseits anging. Zu gut wusste unser Chef, wie sehr ich doch im Sinne seiner Patienten diese Ambulanz aus den Boden stampfen würde, was ja letztendlich auch ihm zugute kam. Die Kostenübernahme war gesichert und ich hatte Zeit in meine neue Rolle zu schlüpfen. Ich entwickelte meine eigene Vorstellung einer geführten Krankenakte ganz im Sinne unseres Chefs. Anfangs allein mit seiner Oberärztin an der Seite kamen unsere ersten ambulanten Patienten.

Problematisch wurde es, als mein Mann, der Tom heißt, die Überlegung anstrebte sich in seiner neu gewonnenen Heimat, an seinem Arbeitsplatz sesshaft zu machen. Er wollte dort ein Haus für uns kaufen. Ich versuchte diese Thema einfach immer zu vermeiden und verwies lieber auf meine neue berufliche Chance und Herausforderung. Karriere stand für mich jetzt im Vordergrund.

Es war der Winter im Jahre 2000 und die Zeit brachte es mit sich, dass aus dem Arbeitsverhältnis zwischen unserem Chef und mir Freundschaft entstand. Mein Mann, der ihm noch eher zögerlich gegenüberstand, und ich beschlossen, ihn zu einem netten Abend einzuladen. Ich hatte den Wunsch einen Familienfreund ins Haus zu holen, mit dem sich auch mein Mann gut verstehen sollte, was mir sehr wichtig war. Mein Chef war immer alleine, genauso wie mein Mann, in der Fremde und wohnte auch in einem dieser nicht sehr komfortablen Schwesternwohnheimzimmer in der Nähe der Klinik. Abends fuhr mein Chef meistens zu McDonald's und schlug sich den Bauch mit Hamburgern voll. Seine Frau und Tochter hielten sich zu diesem Zeitpunkt noch im Norden des Landes auf und sollten zum Frühjahr des kommenden Jahres hinzukommen. Eigens dafür kaufte sich unser Chefarzt ein tolles Haus ganz in der Nähe des Krankenhauses, welches durch Mitarbeiter der Bauabteilung der Klinik renoviert wurde. Ich lud unseren neu dazugewonnenen Freund zwischendurch zum Essen bei uns zuhause ein. Sollte doch wenigstens er, wenn nicht schon mein Mann mit kulinarischer Heimkost verwöhnt werden. Manchmal fuhr ich auch abends in die Klinik, wenn er noch nach 21 Uhr dort war und brachte ihm etwas zu essen vorbei. Meine Zuneigung zu ihm entwickelte sich für mich zu Liebe, was ich aber selbst nicht so sehen wollte. Ich hatte doch einen tollen Ehemann, der für uns alle sorgte, meine Freundschaft unterstützte, aber warum? Wieso? Was ich nicht ahnte war, dass ich nicht alleine dastand mit diesem Gefühlschaos. Dieses sollte sich nach einer Einladung von meinem Chef während eines schönen Abendessens aufklären. Wir saßen da in diesem recht bürgerlichen Restaurant, sahen uns an, lächelten miteinander, bis er meine rechte Hand nahm, in die seine legte und anfing sie zu streicheln. Er sagte: »Es tut mir leid, aber ich kann das nicht mit der reinen Freundschaft zwischen uns. Für mich reicht das nicht mehr«. Er lächelte und sah mich mit diesem begierigen Blick an, als wolle er mich sofort verzehren. Kam doch jetzt bald seine Frau und Tochter hierher! Ich dachte in diesem Moment nur noch daran, wie kompliziert und chaotisch doch alles werden würde. Mir selbst war klar, das hier ist die Liebe deines Lebens. Wir fuhren zu mir nach Hause und saßen, nachdem die Kinder im Bett waren, da auf dem Sofa. Das gleiche Sofa, wo ich schon öfters mit ihm saß, aber nun ganz anders, verunsichert damit, was nun passieren würde. Er nahm mich in die Arme, umschlung mich. Dieses wärmende, beschützende Gefühl hatte ich schon lange nicht mehr. Ich dachte sofort an meinen Mann, verglich, fühlte und wusste, das hier ist auf jeden Fall anders. Der Versuch intim zu werden scheiterte mit der mir dazugewonnenen Erkenntnis, dass er offensichtlich schon über Jahre hinweg keine Zweisamkeit mehr erlebt hatte. Wir brachen es ab und ich versicherte ihm nach seinen Versagensängsten: »Das wird schon wieder, mach dir keine Sorgen.«

Nachdem er von seinem Kongress in den USA zurückkam, holte ich ihn vom Flughafen ab. Ich konnte es kaum erwarten ihn zu sehen. Aus der anfänglich verunsicherten Zweisamkeit wuchs ein eingespieltes Team der Liebe heran. Von meinem Mann hatte ich mich zum Ende des Jahres 2000 hin getrennt. Das sollte zumindestens schon geregelt sein, dachte ich. Gefühlsmäßig war es für mich auch anders nicht mehr möglich.

Das Privatleben mit meinem Chef fand hinter versteckten Türen statt. Das Auto hatte immer noch dieses alte Kennzeichen und jeder kannte es. Er kam immer dann, wenn es dunkel war zu mir, versteckte sein Auto in anderen Straßen und das immer abwechselnd. Manchmal kletterte er nachts über unseren Gartenzaun, um mich zu besuchen. War er doch als Chefarzt verdammt? Können wir jemals zusammen sein, auch öffentlich?

Der Winter ging vorbei und irgendwann stand der Umzug seiner Familie vor der Tür. Er bat mich, während der Umzugszeit auf sein Haus aufzupassen, da er seine Familie holen musste, denn seine Frau war psychisch sehr krank gewesen. Somit war es ihr alleine nicht machbar den Umzug zu gestalten und durchzuführen. Die Tochter war zu diesem Zeitpunkt erst 14 Jahre alt. Wie sollte das hier nun weitergehen? Ich, mit meiner Familie, seine Familie? Chaos?

Seine Frau und Tochter zogen ins frisch renovierte Haus ein und das Frühjahr verging. Zwischenzeitlich hatte ich ja genügend zu tun. Die Ambulanz konnte dann, nachdem sie mit ihren Räumlichkeiten fertiggestellt war, im Mai 2001 offiziell geöffnet werden. Solange mussten unsere ersten ambulanten Patienten, die ja schon die ganze Zeit über da waren, in unserem Behandlungszimmer oder auf dem Flur behandelt werden. Langsam wurde es auch Zeit mit den zusätzlichen Behandlungsräumen, denn wir fingen auch an als eingespieltes berufliches Team zu wachsen. Die Anfragen an uns wurden immer mehr. Aus sieben Patienten pro Quartal wurden schnell 300. Mit der Zeit konnten wir noch drei weitere Mitarbeiter in der Ambulanz beschäftigen. Um die Ambulanz brauchte er sich nun selbst fast nicht mehr zu kümmern, denn der Druck, der auf ihn von außen zukam, wuchs. Die Konkurrenz schlief nicht und wir hatten da ja auch noch unser privates Päckchen zu tragen. Dem Geschäftsführer und der Pflegedienstleitung gefiel unsere Partnerschaft überhaupt nicht. War dieser Mann doch noch verheiratet und dann noch als Person des öffentlichen Lebens in einem christlichen Haus? Der Druck erhärtete sich gegen uns. Sollte ich doch die Ambulanz laut Geschäftsführung verlassen und versetzt werden. Der Geschäftsführer schlug unserem Chefarzt vor, mich doch als Mätresse zu halten und sich nicht von seiner Frau zu trennen. Fast täglich wurden wir von der Geschäftsführung attackiert. Das ging soweit, dass unser Chef dachte, von der Geschäftsführung abgehört zu werden, bis er dann selbst alle Gespräche mit dem Geschäftsführer aufzeichnete. Eigens dafür kaufte er sich ein Aufzeichnungsgerät, was er gut in der Kitteltasche verstecken konnte, ganz klein war es mit silbriger Farbe. Er hatte es bei einem Kongress in den USA gekauft, das weiß ich noch.

Manchmal wies er seine Sekretärin an, das Aufnahmegerät zwischen den Büchern zu verstecken. Die Geschäftsführung allerdings dachte zu diesem Zeitpunkt nicht daran, wie einflussreich doch noch eine bestimmte Selbsthilfegruppe war, die uns unterstützte und dem Geschäftsführer ganz klar signalisierte, die Patienten künftig an andere Krankenhäuser zu verweisen, wenn sie nicht sofort die Drohungen gegenüber uns aufhörten. Ein vertrauensvoller Briefwechsel zwischen der Geschäftsführung und unseren Chefarzt, den ich zwar in meinem Besitz habe, aber nicht veröffentlichen werde, fand statt. In diesem Brief wurde nochmals darauf hingewiesen, wie groß doch meine Verdienste in diesem Krankenhaus wären und niemand auf mich verzichten wolle. Eigens dafür bekam er auch von den restlichen Chefärzten in diesem Haus Unterstützung. Fortan ließ man uns in Ruhe und wir konnten diese Ambulanz gemeinsam wachsen lassen. Aus dieser Ambulanz zauberte ich mit meinen Mitarbeitern für unsere Patienten ein zweites Zuhause. Ich hatte dahingehend die vollste Unterstützung der Selbsthilfegruppen und Mitarbeiter. Das gute Zusammenspiel und der Einklang mit unserem Chef wuchsen so, dass der Andrang der Patienten immer größer wurde. Von der Selbsthilfegruppe bekamen wir finanzielle Unterstützung, sodass wir unsere eigene Bettwäsche und Dekosachen für die Ambulanz kaufen konnten. Unser Chef wurde mehr und mehr zu Vorträgen der Selbsthilfegruppen und Pharmaindustrie eingeladen. Sein Bekanntheitsgrad wuchs und wuchs.

Kam doch dann im Sommer 2001 die Zeit, als er mit seiner Tochter gemeinsam zum ersten Mal bei uns in der Balkontüre stand und sie mir und meinen Kindern vorstellte. Sie verstanden sich schnell und freundeten sich rasch an. Ein gemeinsamer Zirkusbesuch mit allen Kindern sollte das neue Kennenlernen unterstützen und stärken. Ich erinnere mich daran, dass meine älteste Tochter auf seinem Schoß saß und wie liebevoll er da mit ihr umging, fast so liebevoll wie er den Umgang zu seinen Patienten und deren Angehörigen pflegte. War ich doch sehr gerührt von diesem Moment. Seine Tochter hingegen erschien eher schweigsam und verdutzt. Ich empfand sie eher eingeschüchtert und zurückhaltend. Sie fragte jedesmal bei Eintritt in mein Haus ihren Vater, ob sie sich hier die Schuhe ausziehen müsse. Es sollte sich später zeigen, was hinter dieser Verschüchternheit und Unsicherheit stand. Ach, es wird alles schon werden, dachte ich und ließ die Zeit für uns arbeiten.

Es kam der Moment, dass sich nun auch die Trennung auf seiner Seite abzeichnete, zumal der Wunsch seiner Tochter immer stärker wurde, zu uns zu ziehen, nachdem ihr Vater ja schon überwiegend bei uns wohnte. Zwischen seiner Tochter und ihrer Mutter wuchsen die Auseinandersetzungen. Die seelische Erkrankung seiner Frau führte immer mehr zu Streitigkeiten zwischen Mutter und Tochter, sodass wir beschlossen, sie zu uns zu holen. Damit war auch ihr Auszug aus dem schönen renovierten Haus vollzogen. Leider konnte ich nur das Kellerzimmer für sie richten, da wir doch nun mit einem Kind mehr im Haus unter akutem Platzmangel litten. Selbst hatten wir kein eigenes Schlafzimmer, sondern nächtigten im abgegrenzten Esszimmer meines gemieteten Hauses. Die gerichtliche Auseinandersetzung um das Wohnrecht, Sorgerecht der Tochter, Ehegattenunterhalt, sowie der erzwungene Auszug seiner Frau aus dem Haus, waren alles andere als schön. Die anwältlichen Auseinandersetzungen sollte ich erst Jahre später zu sehen bekommen.

Mit seinem Bruder zusammen überlegten sie, wie sie sein Einkommen mindern könnten, damit der Unterhalt an seine Frau nicht so stark ausfallen würde. So gründete er eine GmbH, dessen Geschäftsführerin ich wurde. Wir bezahlten unsere Steuern, konnten aber mit den Leistungen, die ich nach Dienstende in der Ambulanz den Privatpatienten angedeihen ließ, den gesamtchefärztlichen Pool in Rechnung stellen. Alle

Chefärzte zahlten ihre erhaltenen Gelder in diesen Pool ein und beglichen daraus auch ihre Zusatzaufwendungen für Personal und sonstiges. Somit verschwand die Hälfte seines Bruttoeinkommens in die GmbH und minderte sein offizielles Einkommen. Der Unterhalt an seine Ehefrau, der sich immer noch im dreistelligen Bereich befand, wurde so gemindert.

Nun stand 2002 unser erster gemeinsamer Familienurlaub vor der Tür. Nach Sardinien sollte es gehen, bevor wir in sein Haus, was schon länger leer stand, umziehen würden. Ich fuhr zu dieser Zeit noch einen VW Van, mit dem wir dann alle gemeinsam losfuhren. Wir nahmen auch die Freundin seiner Tochter mit in den Urlaub. Nur der Jüngste blieb bei seinem Vater Tom, da die Reise für ihn zu anstrengend gewesen wäre, was im Nachhinein auch das Beste war. Der gemeinsame Urlaub entpuppte sich als ein für mich noch bis heute bestehendes Fiasko. Die Kinder, die uns nun endlich auch einmal für sich alleine hatten, wollten natürlich nur mit uns zusammen zum Strand gehen, Muscheln sammeln, Federball spielen, schwimmen gehen, was keineswegs auf Verständnis meines Partners stoßte. Er wollte sich erholen, Ruhe haben, ein Buch lesen und mehr unsere Zweisamkeit genießen, als ein Familienleben. Eigens dafür mietete er am Urlaubsort ein ganzes Haus, mit zwei Etagen. Die Kinder bewohnten die untere Etage, während wir beide im Obergeschoss wohnten. Das Anklopfen an der Tür führte schon zum Wutausbruch seinerseits, so gravierend, dass alle Kinder Angst vor ihm hatten und sich still verhielten. Auch wollte er den Urlaub so günstig wie eben möglich gestalten. Es gab fast täglich Nudelgerichte. Die Kinder mussten in ihrem Wohnbereich alleine kochen und essen, während wir im Obergeschoss für uns selbst sorgten. Wieso ich da nicht reagiert habe, fragen Sie sich sicherlich auch? Ganz einfach, ich verstand auch seinen Wunsch nach Erholung, Zweisamkeit nach all dem Stress der letzten Jahre, den wir zuhause und am Arbeitsplatz gemeinsam ja hatten. Hinzu kam, dass die Freundin der ältesten Tochter ständig unterwegs gewesen war und wir sie suchen mussten. Schließlich hatten wir die Verantwortung für sie übernommen. Am Urlaubsort ergaben sich ständig Streitigkeiten. Er schimpfte täglich über die Unselbstständigkeit der Kinder, weil sie sich nicht selbst beschäftigen konnten. Mir war klar, dass sie das gar nicht wollten, denn sie hatten den Wunsch alles mit uns gemeinsam zu unternehmen. Diese Chance wollten sie sich einfach nicht entgehen lassen. Mein Zitat heute daraus ist, dass wir zu diesem Zeitpunkt erst gar nicht gemeinsam in den Urlaub hätten fahren dürfen.

Nach dem Urlaub, welcher auch unser einziger Familienurlaub war, stand mit unserer Familie der Umzug in sein Haus bevor. Ich hatte viel Hilfe von unserer damaligen Haushaltshilfe und ihrem Mann, sowie von Freunden der Kinder. Ein Haus leer zu räumen erforderte auch für mich durch meine ständige Präsenz in der Ambulanz viel Kraft und zusätzliche Zeit. Doch wir hatten den Umzug innerhalb einer Woche geschafft und gemeistert. War es doch das Dorf, in dem ich schon als Kind aufwuchs, welches zu unserer gemeinsamen neuen Heimat wurde.

Mein ältester Sohn wechselte von der Gesamtschule auf das private Internat, wo auch seine Tochter das Abitur absolvieren sollte. Seine mathematischen Noten waren so gut, dass die Überlegung im Raum stand ihn noch mehr zu fördern. Wir lernten dann auch unsere ersten gemeinsamen Freunde kennen, Eltern, dessen Sohn in die gleiche Klasse von meinem ältesten Sohn ging. Sie haben einen Pflegedienst, der schon damals recht gut lief. Ich stellte den Kontakt zwischen ihnen und uns her. Schnell entwickelte sich daraus ein Wochenendvergnügen, welches immer zwischen uns hin und her wechselte.

Am Wochenende lag mein Partner tagsüber oft im Bett und arbeitete dort an seinem Laptop. Einen Kontakt zu den Kindern hatte er immer noch nicht aufbauen können. Zum Nachmittag hin, wenn er dann aufstand, kochte er mit mir zusammen, oder unsere Freunde luden uns zu sich ein. Manchmal gingen wir auch zusammen aus, in die Oper nach Wien, oder ins Konzert und ins Museum. Diese Zeit war für mich eine sehr intime und eng verbundene Freundschaftszeit. Holte sie uns doch alle aus dem Alltag heraus. Das was mich daran störte, war, dass es sich bei den privaten Treffen auch sehr oft um das Geschäftliche drehte. Wie konnte man sich noch mehr Einfluss und Macht beschaffen, um seine Position zu verstärken, Lobbyisten für sich gewinnen, um sich unentbehrlich zu machen? Weitere Kontakte zu einem Werbeunternehmen, Apotheker, Orthopäden wurden gepflegt. Doch der Wunsch für den Rotary Club irgendwann vorgeschlagen zu werden, blieb ihm immer versagt. Um seine Position in der Klinik zu stärken, hatten unsere Freunde die Idee einen gemeinnutzigen Verein für ihn zu gründen. Somit entstand dann im Laufe der Zeit ein Verein für onkologisch erkrankte Patienten, welcher bis heute noch Bestand hat. Auf diesem Wege versuchte man ihn durch die Medien, die ständig berichteten, Persönlichkeiten, welche als Ehrenmitglieder oder Schirmherrschafter für den Verein tätig waren oder es noch sind, zu stärken.

Meine Aufgaben als Gefährtin eines Chefarztes, die ihm den Rücken freihalten konnte, die stetigen Ansprüche an mich, als leitende Pflegekraft einer Ambulanz, die Pflichterfüllung als Mitrepräsentantin des Krankenhauses, Chefarztes und der Ambulanz wuchsen stetig. War ich doch auch Mutter von fünf Kindern gewesen, die mich brauchten. Die Tatsache, dass die Kinder sehr unglücklich darüber waren, es meinem Partner nie recht gemacht zu haben, machte mich oft machtlos und hilflos. Immer wieder äußerteten sie den Wunsch nach einem Stiefvater, der mehr Zeit mit ihnen verbringen möchte. Sie ließen sich alles mögliche einfallen, um ihm zu gefallen. Die Schulnoten waren immerhin der Schlüssel zu allem. Stattdessen ernteten sie nur Schimpfe, die im Allgemeinen an mich gerichtet waren. Selbst hatte er sich nie getraut Unannehmlichkeiten selbst auszutragen. Ich solle sie besser zur Selbstständigkeit erziehen, schimpfte er immer wieder. Die Zuneigung und meine Präsenz jedoch, die unsere Kinder einfach brauchten, sollte ich ihnen verwehren. Das forderte er ständig von mir ein.

Ich hatte auch sehr viel Freude an meinen beruflichen Herausforderungen. Eine dienstliche Beeinflussung meinerseits ihm gegenüber war zu diesem Zeitpunkt bei verschiedensten Dingen möglich. Es verging selten ein Tag, andem mein Partner vor 21 Uhr nach Hause kam. Es war die Zeit der Zertifizierung seiner Abteilung, die uns alle an's Limit des Machbaren brachte. In dieser Zeit war er doch sehr ungehalten und ungeduldig allen gegenüber. Vermied er doch gerne stets weiterhin die Gemeinsamkeiten eines Familienlebens. Ich hingegen entschuldigte es wie immer bei den Kindern mit der Begründung, dass er einfach so lange in der Klinik bleiben musste, weil die Patienten ihn brauchten, oder er so viel zu tun hatte. Ich wollte nie reflektieren, ob er vielleicht wegblieb, weil er das Leben mit den Kindern nicht wollte. Heute weiß ich, wir hätten es nie miteinander eingehen dürfen.

In Reih und Glied

In Reih und Glied sie doch täglich marschieret,

die Beine am Abend oft müd , zu schwer!
Ihre wechselnden Rollen sie täglich neu definieret,
das eigenes „Ich" sie am Abend oft findet nicht mehr!
Wie eine Marionette gelenkt von Gegebenheiten,
aus der Reihe sie so gern hüpft und tanzt!
Entdeckt werden sollten diese Fähigkeiten,
in die sie täglich schlüpft agiert und wankt!
Gefühle von denen sie täglich gelenkt,
oft werden von anderen nur genutzt!
Sie doch dachte an Menschen geschenkt,

Augenblicke des Glücks

von Menschenhand verputzt!

2004 kam dann unser gemeinsamer Hund Harkim, ein stattlicher Salukirüde, zu uns ins Haus. Hatte ich doch nach dem Tod meines Mischlingshundes »Trude« wieder den sehnlichsten Wunsch einen Familienhund zu kaufen. Er sollte unserem Leben einen zusätzlichen Sinn geben. Mit ihm zusammen, dachte ich, könnte sich seine Einstellung zum Familienleben vielleicht etwas ändern. Hunde sollen da ja bekanntlich Berge versetzen können. Bevor jedoch Harkim zu uns ziehen konnte, mussten einige Veränderungen im Garten vollzogen werden. Eigens dafür nahm ich einen Kredit auf, um das Grundstück einzäunen lassen zu können. Gleichzeitig wurde das Garagendach, als auch das Garagentor erneuert. Quasi einen Rundumschlag sollte es geben. Ausgesucht hatten wir uns gemeinsam diese wundervolle Rasse. Gemeinsame Spaziergänge, eventuell aber auch eine sportliche Variante, sollten meinen zukünftigen Mann aus dem Alltag herausholen und das Leben bereichern. Zusammen fuhren wir dann zur Züchterin und entschieden uns für den Hund, der aus ihrem letzten Wurf noch zu haben war. Sie erzählte uns vom Windhundsport und fragte nach, ob da vielleicht unserseits auch ein Interesse bestehen würde. Abgeneigt waren wir keinesfalls und nahmen an den verschiedensten Trainingstagen gemeinsam teil. Die Begeisterung den eigenen Hund rennen und coursen zu sehen fesselte mich mehr als ihn. Hatte ich doch hiermit ein Hobby gefunden, welches mich herausholte und zudem begeisterte. An den meisten Wochenenden, an denen die Veranstaltungen liefen musste mein zukünftiger Mann jedoch arbeiten, so, dass ich oftmals alleine losfuhr. Harkim musste eigens dafür im Vorfeld erst eimal eine Rennlizenz erwerben, bevor er offiziell starten durfte und sich deutscher Rennhund nennen konnte. Einige Rennsiege, als auch Niederlagen konnten unseren Eifer nicht stoppen. Ein paar Jahre später wurde er sogar für die EM und WM nominiert und lief mit. Da konnte ich Stolz in den Augen meines Mannes sehen, als Harkim jeweils den dritten Platz belegte.

Waren doch so viele Länder mit ihren Hunden dabei gewesen.

Glücksmomente

Dich zu hören, zu sehen und zu fühlen,
gibt mir einfach nur Kraft.
Deine Größe, deine Liebe zu spüren,
ist für mich die reine Himmelsmacht.

Meine Liebe zu dir ist im Herzen so rein.
Wenn ich in Gedanken die Augen zuschließe,
mich dann empfinde so geborgen und fein,
jene Augenblicke mit dir besonders ich genieße.

Eines Tages, nachdem wir mittlerweile über fünf Jahren zusammenlebten, beschlossen wir zu heiraten. Diese Hochzeit sollte nach seinem Wunsch hin unter Ausschluss fast aller Familienmitglieder sein und nur mit den Trauzeugen stattfinden.

Sonett

Wie gern ich deine Liebe spüre,
gepaart mit Glück und Sicherheit,
ins Liebesparadies dich führe,
wenn du im Herzen bist bereit.
Die Augen wie zwei Sterne glänzen,
die Haut ist warm und blutgetränkt,
Gefühle kennen keine Grenzen,
weil nichts mehr deine Seele kränkt.
Von Last befreit kannst du genießen,
was Traurigkeit dir oft verwehrt,
selbst wenn zuletzt mir Tränen fließen,
fühlst du, wie sehr du bist begehrt.
Begleitet dich mein Liebesglück,
kehrt Einsamkeit nie mehr zurück.

Mit meiner Schwester, die seine Art und Weise im Umgang mit den Kindern ihm gegenüber kritisierte, hat er nie wieder gesprochen. Sie durfte auch nie wieder sein Haus betreten. Ich erinnere mich an einen meiner Geburtstage, an dem ich frei hatte und nicht zur Klinik musste. Am Vormittag, sagte mir meine Schwester, käme sie vorbei, um mich zu besuchen. Für mich war es kein Problem, befand sich mein zukünftiger Mann doch in der Klinik und lief ihr nicht über den Weg, dachte ich. Wir saßen in der Küche und unterhielten uns bei einer Tasse Kaffee, als plötzlich die Haustüre öffnete. Da stand er auf einmal in der Küchentür, mein

Partner, der sich mit meiner Schwester überworfen hatte. Die Telekom hatte er bestellt, um unseren Telefonanschluss überprüfen zu lassen und das an meinem Geburtstag. Er zitierte mich aus der Küche und teilte mir mit, dass meine Schwester sofort das Haus zu verlassen hätte. Sie bekam seinen Wutausbruch mit und ging von alleine. An diesem Tag hatte ich mich so geschämt. Die geplante Geburtstagsfeier mit Gästen aus der Klinik und dem Freundeskreis sagte ich für diesen Tag ab.

Unsere Trauzeugen kamen aus unserem Freundeskreis und lediglich sein Bruder, der unsere Steuern als Wirtschaftsprüfer regelte, war mit Familie dabei. Meine jüngsten Kinder durften nur beim Empfang mit Kaffee und Kuchen dabei bleiben. Zum Abendessen beim Italiener wurden sie durch seine Tochter nach Hause gefahren. Sie blieben allein daheim und durften nicht mitgehen, was mich den ganzen Abend sehr verärgerte. Nur die Kinder seines Bruders, seine Tochter mit Freund und die Trauzeugen waren geladene Gäste. Heute frage ich mich, warum ich mir das alles habe gefallen lassen? Ich sage es euch! Ich habe ihn trotz seiner Abneigung zu den Kindern geliebt. Meine Hoffnung beruhte immer darauf, dass die Zeit alles ändern wird und kann. Nach unseren öfteren Auseinandersetzungen um das Verhältnis zu den Kindern, trat kurzfristig immer Besserung ein. Er versuchte es zu ändern und verfiel aber immer wieder in das alte Muster.

Die Tochter meines Mannes entwickelte sich mehr und mehr zu einer selbstständigen jungen Dame, gefolgt von sehr vielen negativen Kindheitserinnerungen und einer immer andauernden Suche nach Bestätigung, Anerkennung und Liebe ihres Vaters. War sie doch sehr zurückhaltend und empfand sich doch immer als dick und hässlich, was sie weiß Gott nicht war. Ein paar Jahre später fand ich zwei Postkarten in meinen Umzugskartons, die ganz eigene Bände sprachen. Die Seele eines Kindes, die doch eine Kindheit lang so sehr verletzt wurde. Ich erinnere mich daran, dass sie mir mal sagte, ihr Vater habe immer nur die Rechtschreibfehler gesehen und sie deswegen häufig beschimpft. Diese Dummheit, sagte er ihr, hatte zur Folge, dass sie die Schreibfehler auch sofort zu korrigieren hatte.

Es dauerte bis ins Erwachsenenalter hinein, bis ich sie zum ersten Mal auf einem Foto lächeln sah. Selbst auf all diesen vielen Kinderfotos, welche sie besaß, lachten immer nur die andere Kinder, nie sie selbst. Sie empfand sich immer hässlich, als Opfer ihrer Eltern, ihrer Kindheit und es dauerte sehr lange, bis sie selbst zu ihrer Mutter eine Basis des Miteinanders fand. Ihre Sehnsucht nach Familienleben war enorm groß. Selbst das hatte sie auch vor unserer gemeinsamen Zeit immer nur bei ihrer Tante Elli, der Schwester meines Mannes, und deren Kinder finden können. Heute glaube ich, dass sie viel lieber dort gelebt hätte, als bei ihrem Vater. Sagte sie doch ein paar Jahre später einmal zu mir, dass sie sich ihren Vater nie hätte aussuchen können, aber ich mir meinen Ehemann. War ich mit meinen Kindern ein Sprungbrett ins Glück für sie? Ich weiß es heute nicht mehr und auch wenn, wäre es für mich so in Ordnung. Meine Fragen an seine Tochter, wie denn das Zusammenleben in ihrer Kindheit mit ihren Eltern zusammen verlief, wuchsen täglich. War ich doch schon sehr lange unglücklich über unser nicht vorhandenes Familienleben, welches ich immer wieder durch Streitigkeiten mit ihm einfordern wollte. Ich wollte Parallelen finden zwischen ihrer Vergangenheit und unserer Gegenwart. Berichtete sie doch darüber, dass sie schon als Kleinkind in ihrem Zimmer verschwunden sein musste, wenn er am Abend nach Hause kam. Berichtete sie doch davon einen Vater zu haben, dem man nie etwas recht machen konnte. Sie erwähnte, unter welchem Druck ihre Mutter immer dastand, um sie auch zeitig ins Bett zu bekommen. Auch kamen wir auf meine älteste Tochter zu sprechen, die ja Jahre zuvor bei dem gemeinsamen Zirkusbesuch auf seinem Schoß saß und von ihm liebkost wurde. Sie erklärte mir, dass sie fast vom Himmel fiel, als sie ihren Vater so sah. Hatte sie niemals zuvor einen Vater, der so liebevoll mit ihr sprach und umging, wie zu diesem Tag mit meiner Tochter beim Zirkusbesuch. Die weiteren Jahre zeigten, was für ein Mensch er wirklich war. Auf der einen Seite ein immer liebervoller, verständnisvoller Arzt für seine Patienten und auf der anderen Seite verhielt er sich mir und allen Kindern gegenüber als

Koleriker, Ignorant, vor dem man sich fürchtete. Sobald sein Wagen die Garagenauffahrt hochfuhr, waren alle Kinder aus dem unteren Bereichen verschwunden und ich hatte immer diese Spannung im Bauch. Über wen oder was würde er sich heute Abend wieder aufregen, lästern oder schimpfen? Mittlerweile hatte ich mich als Fußmatte, auf der man jeden Abend seine Schuhe abputzte, gewöhnt und hörte ihm nur noch zu, wenn er nicht mehr tobte. Mal war es seine Sekretärin, die er als blond und dumm zu bezeichnen pflegte, mal die dusseligen Assistenzärzte, die ihr Gehirn nicht einschalten konnten, dann seine unfähigen Oberärzte, oder die restlichen Chefarztkollegen, die ihm eh nicht das Wasser reichen konnten. Ein Zusammentreffen mit ihm wurde von den Kindern stets vermieden. Zu sehr bekamen sie zu spüren, dass sie für ihn unerwünscht waren. Er signalisierte das mit einer stetigen Missachtung ihrer Person, was von Jahr zu Jahr schlimmer zu werden schien. Erhobenen Hauptes ging er an ihnen vorbei ohne guten Tag oder auf Wiedersehen zu sagen. Diese Umgangsweise entwickelte sich im Laufe der Jahre immer mehr zu einer Selbstverständlichkeit. Diese Ignoranz brachte mich jahrelang auf die Palme. Der Versuch das zu ändern, ein normales Familienleben zu bekommen, meinen Mann zu verbessern, ihn gar zu ändern ist mir leider in all den Jahren nie gelungen. Selbst unseren Nachbarn und Freunden fiel es nach einer längeren Zeit auf, dass es in unserem Haus mit so vielen Kindern immer so still gewesen war. In den zehn

Jahren unseres Zusammenseins kannten Freunde von uns nicht einmal alle Kinder. Sie hatten sie nie gesehen. Der riesige Garten wurde durch die Kinder nie zum Spielen genutzt, denn sie sollten auf den Spielplatz gehen, sagte mein Mann. Es hatte für mich den Anschein, dass auch in der Vergangenheit seine geschiedene Frau schon Gespräche in der Nachbarschaft führte, wo sie darüber berichtete, dass die Tochter im Kinderzimmer sein musste, wenn ihr Mann nach Hause kam, um seine Ruhe zu haben.

Mein jüngster Sohn flüchtete jedes Wochenende zu seinem Vater. Später ignorierte doch auch er meinen Mann so, als sei er für ihn gar nicht im Haus gewesen. Eine fogende Geschichte dazu möchte ich euch erzählen. Unser Jüngster fuhr in den Sommerferien in ein Campinglager. Viele aus seiner Klasse fuhren da mit. Zum ersten Mal war er über eine Zeit von 14 Tagen von zuhause weg. Er freute sich riesig auf die Reise mit all seinen Schulfreunden. Seine Großmutter und ich brachten ihn zum Reisebus, mit all den anderen Kindern und deren Eltern, die da waren, ein riesiges Getümmel, das kann ich euch sagen. Als sie abfuhren winkten wir natürlich mit einem weißen Taschentuch. Es hatte ihm die 14 Tage lang super gefallen. Abholen musste ich ihn dann ohne seine Großmutter. Sie hatte an diesem Tag keine Zeit. Die ganzen Koffer, die alle auf einem Laster untergebracht waren, du meine Güte, bis wir dann endlich seinen fanden. Die Kinder waren alle so glücklich und ausgelassen, sodass ich mir sicher sein konnte, dass es ihm wirklich gut gefallen hatte, keine Frage. Mit dem Koffer in der Hand ging es ab nach Hause. Es war ein Samstag Nachmittag als wir bei schönstem Sonnenschein zuhause ankamen. Die Balkontür stand weit geöffnet und mein Sohn rannte ins Haus, ohne sich die Schuhe auszuziehen. Gedanklich war er doch ganz woanders. Eigentlich dachte ich sofort für mich, hoffentlich hat er das nicht gesehen, hatte er aber. Für das Kind gab es keinen guten Tagwunsch, kein Wort mit der Frage: »Ach schön, dass du wieder da bist, wie war's denn?« Nein, es gab Folgendes: »Hey, zieh sofort deine verdammten Schuhe aus, wenn du hier rein kommst, wag es nie wieder, hast du das verstanden? Wie oft muss ich dir das noch sagen?« Eigentlich durften die Kinder gar nicht über die Balkontür oder Haustür das Haus betreten. Sie mussten, wenn sie nach Hause kamen um das ganze Haus herum gehen und über die Garagentür durch den Heizungsraum hindurchgehen, um ins Haus zu gelangen. Im Winter war das sehr schlimm für die Kinder, da es außen herum immer sehr dunkel gewesen war. Sie hatten deswegen ständig Angst. An den Wochenenden verhielten sich die noch daheim gebliebenen Kinder eh alle sehr zurückgezogen. Sie kamen nur herunter, um sich etwas zum Essen zu holen oder zu machen. Es gab auch im gesamten Haus kein warmes Wasser. Zum Waschen, Baden oder Duschen musste erst der Warmwasserbeuler hochgefahren werden.

Eines Tages, während eines Gesprächs zwischen mir und meinem jüngsten Sohn in der Küche, kam mein Mann nach seiner Arbeit überraschend hinzu, hörte unserem Gespräch zu und wollte zum ersten Mal in seinem Leben meinen Jungen fragen, wie sein Tag in der Schule war und zwar nur deshalb, weil ich zuvor in einem Streit darum gebeten hatte sich endlich auch einmal mit um die Belange der Kinder zu kümmern. Mein Sohn antwortete mir und nicht meinem Mann der mit im Raum war. Der Junge sah ihn nicht, schaute bewusst nur zu mir. Für ihn war er nicht einmal mehr existent. Er gab ihm nur das wieder, was er schon als Kleinstkind von ihm jahrelang erntete und lernte. Meine älteste Tochter zog mit 14 Jahren aus, weil sie meinen Mann nicht mehr ertragen konnte. Ich erinnere mich an einen Streit, den sie mit ihm hatte. Sie kniete sich vor ihm hin und bettelte darum, dass er sie doch nur einmal in den Arm nehmen sollte, um ihr zu zeigen, dass er sie mochte, lieb hatte. Er drehte sich weg und erklärte ihr, dass er sich mit so etwas wie sie nicht abgeben möchte. Er hätte Wichtigeres zu tun. Mein ältester Sohn hatte sich in den Jahren komplett zurückgezogen und kam nur aus seinem Zimmer, um sich was zu essen zu machen. Introvertiert saß er hinter seinem PC und wurde spielsüchtig. Es gab für ihn keine Außenwelt mehr. Sein Abitur schaffte er nur mit viel Mühe, weil er zu diesem Zeitpunkt schon seelisch erkrankt gewesen sein musste. Zu seiner Abiturfeier erschien mein Mann auch nur auf den letzten Drücker. Ich fühlte mich allein gelassen. War doch das Freundespaar mit ihrem Sohn vor Ort und ich stand da ganz allein. Die gequälte Gratulation seitens meines Mannes war meinem Sohn zuwider. Diese Genugtuung, dass er recht behalten sollte, dass aus nicht elitär erzogenen Kindern nichts werden kann, nur schlechte Noten, diese Schmach wollte ich nicht. Meine jüngste Tochter hingegen hatte in all den Jahren einen Weg gefunden mit ihrem Stiefvater auszukommen. Sie eiferte seiner Tochter nach. Man kann sich das vielleicht gar nicht vorstellen, aber es gab nur Gespräche mit meinem Mann, die etwas mit Leistungen in der Schule zu tun hatten. Über diese Themen mit dem Wetteifern von guten Noten in der Schule kamen seine und meine Tochter an ihn heran und konnten so versuchen ein Gespräch mit ihm aufzubauen. Die restlichen Kinder hingegen waren diesbezüglich nicht so talentiert. Sie versuchten immer nur alles richtig zu machen, was ihnen aber nie gelingen konnte. Es war nicht von seinem Interesse, welche Freunde die Kinder gerade hatten, wie es ihnen ging oder wie ihr Tag gewesen war. Es war ihm auch egal, mit welchen Problemen die Kinder nach Hause kamen und ob sie seine Hilfe suchten. Es interessierte ihn einfach nicht. Für ihn gehörten sowieso alle Kinder den Eltern entzogen. Eltern seien viel zu emotional veranlagt mit ihrer Gefühlsduselei. Wenn er das Geld hätte, würde er all unsere Kinder auf ein Elite-Internat schicken, weil, wie schon erwähnt, nur aus elitär erzogenen Kindern etwas taugliches für unsere Gesellschaft werden würde. Das war seine feste

Überzeugung. Er lästerte gerne über das heuchlerische Gefühlsgedusel seiner Freunde mit deren Kindern und versicherte mir immer wieder, dass aus denen beruflich eh nichts werden würde.

Wenn wir beide dann aber gemeinsam zu den Kongressen oder alleine in den Urlaub fuhren, war er wieder da, der Mann, den ich vor Jahren kennenlernte, den ich doch so sehr vergötterte und liebte. Wir unternahmen viel, schauten uns Städte an, fuhren ans Meer. Er fragte nicht danach, wie die Kinder in der Zeit des Urlaubes oder Kongresses untergebracht waren. Für ihn gab es die Kinder gar nicht. Wenn ich genau darüber nachdenke und es auch noch so sehr versuche, sehe ich nicht einmal heute, dass er je nach irgendeinem Kind fragte. Hatte uns der Alltag wieder, fing alles wieder von vorne an. Die Kinder durften weiterhin nur den Hintereingang des Hauses nutzen, es gab zum Händewaschen kein warmes Wasser. Sie durften auch weiterhin nicht mit den Schuhen das Haus betreten, was natürlich nicht für ihn galt. Sie hatten seinen Anweisungen, die er stets weiterhin nur mir mitteilte, ohne Wiederrede Folge zu leisten. Ein Mitspracherecht sollte es erst im Erwachsenenalter für Kinder geben, wenn da auch die entsprechenden Leistungen in der Schule zu sehen waren. Die Kinder sollten sich auch alleine um ihr Mittagessen kümmern, was ich aber nicht unterstützte. Ich kochte oftmals zweimal am Tag. Ich aß am Abend mit den Kindern und später dann nochmal mit meinem Mann. Wir saßen nur an den Feiertagen gemeinsam am Esstisch. Es herrschte dann immer eine Grundspannung im Raum, bis mal das erste Wort zwischen den Kindern stattfand. Mein Mann saß dabei und war doch nicht dabei oder anwesend. Erst wenn sich die Kinder in ihren Zimmern zurückgezogen hatten, kam zwischen ihm und mir eine Unterhaltung auf.

Wenn der Jüngste nachts aufwachte, weil es ihm schlecht ging, oder er erbrochen hatte, kam er nicht zu uns, sondern ging zu seinen Geschwistern. Er weckte sie auf und sie kümmerten sich jahrelang lautlos um ihn, immer mit der Angst im Bauch dabei von meinem Mann gehört zu werden. In all den Jahren war das öfter der Fall, ohne dass ich selbst davon wusste. Die Kinder hatten Angst vor meinem Mann und trauten sich nicht zu uns zu kommen, das haben sie mir später so erzählt. Am Wochenende sah man weiterhin nicht ein einziges Kind. Erst als seine Tochter mit dem Studium anfing, gehörte sie gesprächlich mit zu seiner Elite. Er unterhielt sich immer mal wieder mit ihr und ich schöpfte Hoffnung auf Verbesserung. Die Schwester meines Mannes sprach mir all die Jahre immer Mut zu und berichtete aus der Vergangenheit. Als er noch im Studium war und lernen musste, kümmerte sie sich an den Wochenenden um seine Tochter. Geduldig sei er noch nie gewesen und mit Kindern konnte er noch nie umgehen. Ein Gefühl dafür hatte er nie entwickeln können. Wie schnell doch ihre kleinen Seelen zu zerbrechen waren, davon verstand er etwas. Mit meiner Person an der Seite ihrer Nichte, die doch all die Jahre auf Liebe und Zuwendungen zu verzichten hatte, war sie froh darüber, dass ich Einfluss auf sie nehmen konnte, um die Verschüchternheit und ihre Unsicherheit ein wenig abfedern zu können.

Seelenschmerz

Schmerzen der Seele,
versucht zu verdrängen!
Möchte Sie einfach nur erhängen!
Tränen sollen helfen Positives zu empfinden!
Möchte lieber Schönes nur ersingen!
Gedanken an Unannehmlichkeiten werden nicht vertieft!
Hab den Schmerz durch Stillschweigen besiegt!

Eines Tages sollte mein Mann eine Auszeichnung erhalten, weil er sich für die Therapieübernahmekosten von teuren Medikamenten für seine Patienten stark machte. Die Zeitungen und Medien rissen sich um ihn, wenn er sich öffentlich über die Ungerechtigkeiten in der Verteilung von Gesundheit für alle machte. Eigens für die Verleihung reisten wir beide in die Hauptstadt und ins Pressezentrum der größten Zeitung des Landes. Es gab mehrere Auszeichnungen an diesem Abend. Als dann sein Name fiel, hatte ich eine richtige Gänsehaut. Da war er wieder, mein Mann, der doch gar nicht so schlimm sein konnte wie ich immer mehr dachte und fühlte. Er hielt eine bewegende Rede, in der auch mein Name fiel. Er bedankte sich zum ersten Mal in meinem Leben nun auch öffentlich dafür, dass ich es war, die seine Erfolge doch mit möglich machte. Mit mir an seiner Seite konnte er für das Wohl seiner Patienten kämpfen. Dieser Abend war wunderschön. Wir hatten ein tolles Hotel und konnten am nächsten Tag mit der Auszeichnung in der Tasche ausgeruht wieder nach Hause fahren. Die folgenden Monate und auch Jahre veränderten ihn zusehenst. Das freie Wochenende, was andere Familien mit gemeinsamen Aktivitäten ausfüllten, verbrachte er oft ganztägig allein im Bett und arbeitete. Meine Freizeit verbrachte ich auf der Windhundrennbahn. Manchmal begleiteten mich auch meine Kinder, was mich sehr freute und glücklich machte.

Es ergab sich auch der Tag, an dem er selbst erkrankte und sich durch einen Kollegen behandeln lassen musste. Er schied über zwei Wochen aus und war zuhause. Ich kümmerte mich um den Ablauf in der Ambulanz. Er regelte die Anordnungen von zuhause aus über's Telefon. Ich erinnere mich an einige seiner Anordnungstelefonate mit seinen Oberärzten zurück. Wie oft mussten sie sich anhören, dass bei sogenannten »Fehlentscheidungen« er doch besser alles selbst in die Hand genommen hätte! Wie oft mussten sie sich den Satz anhören: »Das ist nicht Ihre Schuld Frau Kollegin oder Herr Kollege, ich hätte Ihnen die Verantwortung nicht überlassen dürfen, es ist meine Schuld.« Er hatte einen wahnsinnigen Verschleiß an Oberärzten. Wie oft haben wir uns darüber gestritten, dass er doch mit seinen Oberärzten so nicht verfahren könne. Er aber war der Überzeugung, dass dieses Krankenhaus ohne ihn schon längst pleite wäre, da die Kompetenzen der restlichen Chefärzte zu wünschen übrig ließen. Er empfand sich mittlerweile als der Größte seiner Zumpft. Er wollte immer mehr Macht gegenüber der Geschäftsführung und Widersacher aufbauen und glaubte immer noch, dies nur durch den Eintritt in den Rotary Club oder Lions Club zu bekommen. Seine Nutznießerfreundschaften, wie er sie zu bezeichnen pflegte, empfand ich aber ganz anders. Sie sollten meiner Meinung nach auch von Gefühlen füreinander geprägt sein, was er aber grundsätzlich ablehnte. Eines Tages offenbarte uns ein jahrelanger gemeinsamer Freund ein Mitglied der Freimaurer zu sein. Er wollte meinen Mann mal zu den Sitzungen, die ohne die Frauen stattfanden, mitnehmen. Fortan beschäftigte er sich bis tief in die Nacht hinein mit der Freimaurerei und ihren heutigen Strukturen. Er fuhr mehrmals mit hin und erzählte mir davon. Eines Tages bekam auch ich eine Einladung von der Frauenloge und wurde neugierig darauf, was Freimaurerinnen so machen und was sie sind. Aus welchen Schichten kamen sie? Weshalb trafen sie sich regelmäßig? Sie interpretierten Lesungen, Bücher, kritisierten die von der Männerwelt regierten Frauen, die sich nicht zu wehren wissen. Eine bekannte Größe der Freimaurerinnen unserer Stadt war eine von diesen Nutznießerfreundschaften und machte bei einem netten Abendessen den Vorschlag einen Verein für Patienten zu gründen, den Verein, worüber ich schon berichtete. Es engagierten sich aber auch Selbsthilfegruppen und Patienten in diesem Verein. Diesen ehrenamtlichen Mitarbeitern hatte er bis zum heutigen Tag nicht einmal danken können. Für ihn war dieses Engagement selbstverständlich. Die Arbeit meines Mannes wurde so umfangreich, dass er stets bis tief in die Nacht mit dem Laptop im Bett saß und arbeitete. Ich bekam aufgrund dessen mittlerweile Schlafstörungen. Er brachte mir Tabletten mit, damit ich nachts schlafen konnte. Leider machten sie mich im Laufe der Zeit auch abhängig.

Seine Tochter machte zu dieser Zeit im Rahmen ihres Studiums ein Praktikum in den USA. Ihre Mutter war bereits vor ein paar Jahren weiter weggezogen, nach Köln, und kaufte sich dort eine Eigentumswohnung. Im Laufe der Jahre erkrankte sie immer stärker. Sie konnte teilweise keine Sätze mehr richtig formulieren und litt unter Verfolgungswahn. Hatte sie doch auch noch zu der psychischen Erkrankung ein Gefäßleiden, was die Durchblutung am Gehirn störte. Ich erinnere mich sehr gut an die Zeit, als die Tochter über Tage hinweg verbittert versuchte, ihre Mutter zu erreichen. Sie war nur am PC online und gab irgendwann keine Antwort mehr von sich. Den Hausmeister habe ich versucht zu erreichen, mit der Bitte, bei der Mutter vorbeizuschauen. Er schellte mehrmals an der Tür, doch sie öffnete sich nicht. Mein Mann schaltete dann irgendwann nach meinen Bitten hin die Feuerwehr mit ein, um zu überprüfen, ob alles in Ordnung gewesen war. Sie fanden sie tot auf dem Sofa. Der Verwesungsgeruch drang durch die gesamte Wohnung. Sie musste schon ein paar Wochen so gelegen haben. Die Tochter weinte bitterlich, machte sich Vorwürfe darüber, nicht bei ihr gewesen zu sein. Trost konnte sie von ihrem Vater nicht erwarten. Er freute sich darüber, dass seine Rentenanteile, die er nach der Scheidung verloren hatte, wieder zurückkommen sollten. Er rechnete immer damit, dass sie aufgrund ihrer Gefäßerkrankung vor ihm starb. Seine Tochter bekam keine Unterstützung von ihm bei der Beerdigung seine Exfrau und ihrer Mutter. Es interessierte ihn auch nicht, wie der Nachlass geregelt wurde. Er ordnete nur an, was zu tun war. Das machte er ja immer so. Seine Tochter wollte vor der Räumung der Wohnung einige Andenken mitnehmen, sowie ein paar Elektrogeräte. Aufgrund des Leichengeruches, der sich überall absetzte, mussten die Bilder eingeschweißt werden, sowie auch andere Dokumente. Die Sachen hatten wir dann alle mitgenommen und in der Garage aufbewahrt. Nachdem sie die wichtigsten Gegenstände aus der Wohnung mitgenommen hatte , organisierte ich die Sanierung und den Verkauf der Wohnung, was wahnsinnig viel Zeit und Aufwand mit sich brachte. Er beriet seine Tochter wie sie das Geld, welches sie erbte am besten anzulegen hätte. Meine Kinder halfen mir bei der Mitnahme von Porzelan, Bildern, Gemälden und sonstigen Erinnerungen. Die Beerdigung erfolgte dann im Kreise seiner und nicht ihrer Familie, warum auch immer. Ich erinnere mich an den Abend kurz vor der Beerdiging seiner Frau, dass er weinte. Er hatte aufeinmal Empfindungen ihr gegenüber gezeigt. Tröstend nahm ich ihn in die Arme und sagte ihm, dass es ganz normal sei, dass er jetzt doch trauerte. Waren sie doch schon so lange zusammen gewesen.

Die Wochen und Monate vergingen und die Situation zuhause spitzte sich nach und nach immer weiter zu. Es kam immer mehr zu offenen Beschimpfungen der Kinder, denen gegenüber ich mich zur Wehr zu setzten hatte. Beleidigungen, sowie Erniedrigungen waren weiterhin an der Tagesordnung.

Ich beschloss nun endlich, nach all den Jahren, zu handeln. Die letzte Erniedrigung führte dazu, dass mein ältester Sohn die Treppe herunter kam und zu meinem Mann sagte: »Sag mal, schämst du dich eigentlich nicht so mit deiner Frau zu sprechen? Du tust mir leid, aber ich sage dir, eines Tages wirst du ganz alleine da stehen und niemand wird mehr für dich da sein. Du solltest dich wirklich schämen.«

Eine ungewöhnliche Stille durchflutete das Haus, denn meinen Sohn hatte ich zuvor noch nie so bestimmend und sicher meinem Mann gegenüber erlebt, mit der Konsequenz, dass ich ihm mitteilte, mit den Kindern erst einmal auszuziehen, um die angespannte Lage zu entschärfen. Ich hatte Angst, dass mein Sohn sich eines Tages vielleicht nicht mehr kontrollieren könnte. Mein Gatte versicherte mir, mich doch zu lieben und ich solle mir den Schritt genaustens überlegen. Er bräuchte mich doch! Mir war so elend an dem Abend im November 2008. Ich zog aus dem gemeinsamen Schlafzimmer hoch in das Zimmer seiner Tochter. Sie war ja in den USA und so hatte ich erst einmal eine Ausweichmöglichkeit. In den nächsten Tagen sprachen wir kein Wort miteinander und ich machte mich auf die Suche nach einem Haus, welches ich mieten wollte. Ich fragte ihn, ob ich mich nach einem neuen Arbeitsplatz kümmern müsste. Er meinte aber berufliches und privates trennen zu können und ich könne ruhig in der Ambulanz weiter arbeiten. Unsere Freunde waren völlig fassungslos, hatte ich doch schon im Vorfeld mehrfach versucht die angespannte Situation zu schildern. Schnell bemerkte ich, dass auch sie teilweise keine adäquaten Ratgeber sein konnten. Bekamen sie doch nur bruchhaft all die Jahre das ein oder andere mit. Nach unserer Trennung brach der Kontakt zwischen ihnen und mir völlig ab. Sahen sie sich zunächst erst einmal nur auf der Seite meines Mannes.

Gewitter

Es donnert und kracht dort am Horizont,
die Farbe der Wolken nun grau und dicht!
Sie maschieren einander wie eine geballte Front,
es wird dunkler und dunkler, es fehlt an Licht!
Die Blitze im Felde dann schnellstens versinken,
ein Zeichen kommt auf von geballter Kraft!
Der Regen fällt, es wird heller und heller!
Ein Wettlauf beginnt vor Eintritt der Nacht!
Der Tag endet nun schneller und schneller,
denn die Wolken haben jetzt grenzenlose Macht!
Ich betrachte das Schauspiel voller Zuversicht,
mit Achtung zu dieser Natur!

In dem Regen halte ich mein Gesicht,
gern um zu schauen,
wo bleibt denn die Sonne nur!
Der Morgen wird in mir die Zuversicht bringen,
denn ich arbeite mit ihr Hand in Hand!
Ein Zauberlied werde gern ich singen,
in einem fröhlich stimmenden Gewand!
Weil die Pflanzen das Wasser so sehr gebrauchen,
soll dieser Regen es ihnen erschwingen!
Doch bitte nur kurz!
Ich werde dem Regen gern lauschen,
wenn die Vögel am Morgen wieder ihre Lieder mitbringen!

Es dauerte nicht lange, bis ich auf einmal von fast allen Mitarbeitern der Ambulanz ignoriert wurde. Welche Gespräche zwischen unseren Mitarbeitern und meinem Mann bezüglich unseres Privatlebens stattgefunden hatten, weiß ich nicht. Diese Ignoranz zog sich über fast fünf Monate. Ich kann nicht sagen, dass ich meinen Mann in dieser Zeit oft gesehen hätte. Er war viel zu beschäftigt, denke ich und die Ambulanz wurde durch einen seiner Assistenzärzte versorgt.

Nach den ersten Wochen unserer Trennung, bat ich ihn um ein Gespräch. Für den Auszug brauchte ich einfach seine finanzielle Unterstützung, denn in der Steuerklasse fünf, in der ich nun mal angesiedelt war, konnte ich mich und die Kinder nicht einmal satt bekommen. Er hingegen wollte alle Möbel behalten, die wir angeschafft hatten. Von seiner Seite her stand einer finanziellen Unterstützung während der Trennungszeit nichts im Wege. Er schlug einen gemeinsamen Rechtsanwalt vor, um die Kosten für eine Trennung so gering wie möglich zu halten. Ich dachte nur Trennung? Oder meinte er Scheidung? Stand für ihn etwa schon Scheidung im Raum? Ich war geschockt, willigte aber, einen gemeinsamen Anwalt aufzusuchen, ein. Ich sollte mir also die wichtigsten Möbel kaufen und die Rechnung auf ihn ausstellen lassen. Mit den Kindern ging ich los und wir fuhren alle Möbelhäuser ab. Die Kinderzimmer waren ja eh da und es brauchte eine Küche, Tisch und Stühle, sowie eine Matratze für mich selbst. Zu dieser

Zeit hatte ich durch einen Familienfreund große Unterstützung, zumal ich eh mit der geballten Situation überfordert gewesen bin. Ich achtete sehr auf die Preise, wollte ich doch nicht soviel Geld ausgeben, denn es sollte ja nur vorrübergehend sein.

Unser gemeinsame Familienfreund, der in meiner Geschichte ein ganz wichtiger Teil wird, hatte zu diesem Zeitpunkt einen recht großen gesellschaftlichen Einfluss, der mir später einmal zugutekommen sollte. Es war Meike, von dem ich euch gerne etwas erzählen möchte. Meike war schon jahrelang mit seiner Erkrankung unser Patient. Kennengelernt hatte ich ihn im Rahmen seiner Therapien in unserer Ambulanz. Ein älterer Herr, mit beeindruckender Gesamterscheinung und einem sehr gerechten und liebevollen Verständnis für seine Umwelt. Meike versuchte durch seinen Humor die Atmosphäre in unserer Ambulanz zu unterstreichen. Eines Tages musste er aber aufgrund seiner Erkrankung stationär aufgenommen und isoliert werden. Ich ging ihn dann während meiner Arbeitszeit oft besuchen und gab ihm damit das Gefühl nicht ganz allein zu sein. Die Nebenwirkungen der Therapie fordertete ihren Tribut. Viel Besuch bekam er meistens doch nicht, zumal er das auch nicht immer wollte. Irgendetwas schien ihm aber stets zu bedrücken. War es die Erkrankung? Das eigene Alter? Die kräftezehrenden Therapien? Er verlor den Drang für sich und für sein eigenes Leben zu kämpfen. Er wollte die Therapie abbrechen in Verbindung mit einer Perspektivenlosigkeit, einem Erschöpfungszustand, was ihn letztendlich in ein tiefes Loch führte, in dem er sich nun befand. Über längere Zeit habe ich versucht, ihm Mut zu machen. Wir hatten ein sehr enges, freundschaftliches Miteinander im Laufe der Zeit aufgebaut. Ich konnte ihn in der schweren Zeit nicht alleine lassen und habe mich sehr um ihn gekümmert. Aus diesem emotionalen Tief fand Meike dann irgendwann mit meiner Hilfe nun doch heraus. Durch intensive und intime Gespräche konnte ich ihn zum Kämpfen bewegen und somit motivieren. Nach seiner Entlassung aus der Klinik sah ich ihn nun wieder regelmäßig als Patient in unserer Ambulanz. Irgendwann, als es ihm besser ging, lud er uns zu sich nach Hause ein. Ein gemeinsamer Abend mit noch anderen Gästen sollte uns aus unserem Alltag herausholen.Durch gegenseitige Einladungen lernten sich nun auch mein Mann und seine Frau näher kennen.

Sonett

*Freundschaftliche Schritte
möcht ich mit dir gehen,
dich als eine Lebensmitte
lieben und verstehen.
Ich mag dich durch die Jahreszeiten,
schenk dir im Sommer milde Kühle;
darf ich im Winter dich begleiten,
bring ich dir warme Glücksgefühle.
In meinem Herbst blüh ich erst auf,
weil du mein Frühling in mir bist,
und ändere den Zeitenlauf,
wenn mich die schönste Rose küsst.
Du bist für immer mein Gedicht
und in der Dunkelheit für mich ein Licht.*

Na ja, die Möbel waren nun gekauft und ich konnte Anfang Dezember 2008 das Haus, welches ich mietete, damit bestücken. Wir zogen also aus. Nach Zusage meines Mannes wollte er uns monatlich finanziell unterstützen. Die Rechnungen der Möbel sendete ich ihm zu und selbst hatte ich erst einmal genug mit dem Umzug und der Trennungssituation zu tun. Die Kinder waren voller Hoffnung, dass jetzt alles besser werden würde, selbst meine geflohene Tochter zog wieder mit uns zusammen. Ein neues Leben sollte für uns beginnen. Eifrig halfen sie mit, den Umzug über die Bühne zu bekommen. Nach ein paar Tagen waren auch die letzten

Umzugskartons ausgepackt. Das Weihnachtsfest nahte und unsere Haushaltshilfe, die uns schon Jahre zuvor im ehelichen Haus betreute, war mit uns gegangen und wollte uns weiterhin zur Seite stehen. Sie betreute aber auch das eheliche Haus weiter und ich bat meinen Mann darum, sie weiterhin steuerpflichtig zu beschäftigen. War sie doch vorher über die GmbH bei mir eingestellt und diese Gesellschaft sollte nun durch seinen Bruder aufgelöst werden. Weihnachten verbrachten wir in unseren neuen vier Wänden. Ich war völligst erschöpft, müde und ausgelaugt. Wie besprochen arbeitete ich weiter in unserer Ambulanz. Über den Weg gelaufen sind wir uns fast nie. Die Feiertage waren nun rum und damit auch das alte Jahr 2008, wobei die zwei Folgejahre mein ganzes Leben verändern sollten.

Im neuen Jahr bekam ich Post von einer Rechtsanwältin, die er nun zwischenzeitlich ohne meine Anwesenheit aufsuchte. Dies entsprach keinesfalls unserer Absprache. Sie unterbreitete mir einen schon fertigen Vertrag zwischen mir und meinem Mann, den ich umgehend unterschreiben sollte. Unser Familienfreund Meike riet mir sofort ab und deutete darauf hin, dass es für mich unumgänglich sein wird selbst einen Anwalt zu konsultieren. Enttäuscht war ich, wollte mich mein Mann hintergehen, mit diesem Vertrag? Ich suchte eine Familienanwältin auf und zeigte ihr das Dokument, welches keineswegs Positives für mich beinhaltete. Meinem Mann teilte ich nach meinem Besuch bei der Anwältin mit, dass ich keineswegs bereit sei diesen Vertrag zu unterschreiben. Er erfuhr von mir gleichzeitig, dass ich nun selbst rechtlich vertreten werde, um meine Interessen zu wahren. Es kam wie es kam, denn es dauerte nicht lange, bis mein Mann mich ins Büro zitierte. Während meiner Arbeitszeit wurde er im Büro sehr laut, sodass es jeder mitbekommen musste. Er teilte mir unmissverständlich mit, dass man einen Chefarzt nicht ungestraft verlassen könne. Es sei für ihn auch kein Problem mich zu ersetzen, denn jeder sei ersetzbar. Die Tatsache, dass ich diesen Vertrag nicht unterschrieben hatte erfordertete seinen Tribut.

Meine Haushaltshilfe, die immer noch zweimal die Woche zu uns kam, teilte mir Anfang Februar mit, dass seit Mitte Dezember schon eine neue Frau in unser eheliches Haus eingezogen sei. Als sie dort einzog, wurde meiner Haushaltshilfe gleichzeitig auch gekündigt. Diese Tatsache sollte sie mir eigentlich gar nicht erzählen. Ich war wie vor dem Kopf geschlagen, wusste nicht, was ich sagen sollte. Eine andere Frau? Seit wann kannte er diese Person schon? Wollte er mich durch sein Verhalten zu den Kindern schon viel länger loswerden? War ich doch Anfang Dezember ausgezogen und nun Mitte Dezember eine neue Frau? In unserem Haus? Traurigkeit, Wut und Entsetzen bestimmten meinen Alltag. Den Kindern erzählte ich erst einmal nichts davon, sollten sie ihr neu gewonnenes Leben genießen und sich von den letzten zehn Jahren erholen können. Nur meinem Meike, der mich bis zum heutigen Tage weiter begleitet, nur mit ihm teilte ich in all den Jahren das, was auf uns noch zukommen sollte. Er war mein Berater und bester Freund.

Die Rechnungen für die Möbel wurden von meinem Mann so wie er es sagte nicht alle beglichen. Nun saß ich da noch auf den Kosten der Küche und der Matratzen. Insgesamt waren es noch ein paar tausend Euro, die nicht beglichen wurden. Zum Glück hatte ich da noch Tom, der mir half und die Kosten übernahm, die noch offenstanden.

Es dauerte nicht sehr lange, nachdem ich diesen Vertrag nicht unterschrieben hatte, bis ich mein erstes Gespräch bei der Geschäftsführung bekam. Es wurde mir mitgeteilt, dass ich aus der Ambulanz versetzt werden sollte, ohne Angabe des Versetzungsortes oder der Versetzungszeit. All das, was ich aufgebaut hatte wollte man mir nun plötzlich entreißen, ohne auf meine Gefühle zu achten. Die Begründung lag darin, dass mein Mann nun nicht mehr mit mir zusammen arbeiten könne und wolle. Ich hatte fürchterlich geweint und mich gefragt, wo denn die Wertschätzung meiner Leistungen in all den Jahren geblieben war. Nach einer Weile erfuhr ich nicht versetzt zu werden, da sich die Patienten gegen diese Entscheidung stellten und nicht wollten, dass ich ging. Zu groß war die Angst vor Konsequenzen, denke ich. Bis zum Mai 2009 blieb ich also noch in meiner Ambulanz, bis weitere Gespräche bei der Geschäftsführung folgten, wieder mit dem Hinweis mich zu versetzen und wieder ohne Angabe von Ort und Zeit. Anfang Juni bekam ich dann die Aufforderung mich bei der Zentralambulanz zu melden. Dort sollte dann mein künftiger Dienst mit der Abteilungsleitung besprochen werden. Meike zweifelte die Vorgehensweise sofort an und versicherte mir, dass mir eine Leitungsfunktion neu zugeteilt werden müsse. Es sei rechtlich so nicht in Ordnung, mich irgendwohin zu versetzen. Meine Bedenken der Versetzungsabsicht teilte ich der Geschäftsführung dann auch so mit, mit der Bitte mich mit einer Leitungsfunktion zu besetzen. Zu diesem Zeitpunkt sah der Stellenplan laut Pflegedienst aber keinen Freiraum für mich, sodass man mir versicherte sich zu kümmern und ich solle doch so lange in der Aufnahmeambulanz bleiben, bis etwas gefunden werden könnte für mich. Es sollte aber ganz anders kommen. Mehrfach zitierte man mich zur Personalleitung und Geschäftsführung mit der Versicherung, dass ich in all den Jahren keine Leitungsfunktion innegehabt hätte und ich wurde von der Zentralambulanz auf die gefäßchirugische Station zwangsversetzt. Meike emfahl mir einen Anwalt einzuschalten, um mich rechtlich beraten zu lassen, was ich dann auch tat. Ich hatte nun nicht mehr allein mit der Trennungssituation fertig zu werden, sondern verlor auch meinen Arbeitsplatz, der mir so viel bedeutete.

Ich pendelte nunmehr zwischen zwei Anwälten hin

und her. Zu diesen beiden Ereignissen kam die Erkenntnis, dass sich mein Mann nicht an die Vereinbarungen, mich und die Kinder finanziell zu unterstützen, hielt. In der Steuerklasse fünf, mit einem geringen Einkommen und einem gemieteten Haus war ich nicht in der Lage zu existieren. Den Trennungsunterhalt musste ich einklagen und mich zwischenzeitlich verschulden, meine Lebensversicherungen beleihen, damit wir über die Runden kamen. Aus meinem Freund Meike, der sich mehr und mehr um uns kümmerte, war inzwischen ein fachmännischer Berater geworden. War ich doch emotional auf einem Tiefpunkt angekommen und durfte dennoch keine Fehler machen, um an meine Rechte zu gelangen. Die Frau von Meike, die sich später als eine sehr eifersüchtige Person aufgrund unserer freundschaftlichen Beziehung zeigte, wurde als hundertstes Mitglied des Vereines in der Presse gefeiert. Wieder war der Verein in den Schlagzeilen, ganz nach dem Geschmack der Ehrenmitglieder. Legte Meikes Frau doch stets Wert auf gesellschaftlichen Status und schlug sich somit auf die Seite meines Mannes. Der Versuch, Meike auch als Mitglied zu begeistern, scheitertete. Dafür kam eigens die Geschäftsführung des Vereines zu ihm nach Hause. Das wäre natürlich im Interesse meines Mannes gewesen. Meike als Bezirksbürgermeister zusammen mit seiner Frau als Befürworter. Und Lobbyist meines Mannes. Nein, denn Meike signalisierte mir gegenüber ganz klar seine Position mit der Begründung, dass beides für ihn stimmig sein sollte. Da zähle nicht nur die ärztliche Qualität, sondern für ihn vor allem das Menschliche. Die Treffen zwischen Meike und mir waren seiner Frau stets ein Dorn im Auge. War ich doch diejenige, die meinen Mann verließ, einen mittlerweile erfolgreichen Chefarzt. Streitigkeiten zwischen Meike und seiner Frau waren die Folge, zumal er auch nie einen Hehl daraus machte, mich gern zu haben. Sie vermutete eine andere Beziehung zwischen uns beiden, was aber zu diesem Zeitpunkt nicht der Fall war. Erst viel später stellte sich zwischen Meike und mir über einen gewissen Zeitraum die Frage, ob da mehr sein könnte. Eine gemeinsame Zukunft mit Meike? Nein, dazu ist es nie gekommen. Bis zum heutigen Tag sind wir Freunde geblieben. Mein Mann hingegen, der wusste, dass Meike und ich gar keine Liebesbeziehung hätten haben können, instrumentalisierte diesen Verdacht gegen mich. Nun hatte er für unsere Freunde, den Selbsthilfegruppen und den Mitarbeitern, sowie für die Geschäftsführung einen Grund für meine Trennung von ihm gefunden. War es doch zu diesem Zeitpunkt ein Leichtes für ihn mich zu diskreditieren.

Auf der gefäßchirugischen Abteilung hatte ich einen sehr schweren Start. Zuvor arbeitetet ich doch all die Jahre nur internistisch und sollte mich nun auf einmal umstellen. Mein Mann selbst wusste es anhand meiner Berufsbiographie, wie schwer es mir fallen würde mich da einzufinden. Hatte er auch noch diesen Vorschlag der Versetzung gemacht, obwohl er wusste, dass ich aufgrund meiner Rückenprobleme dort langfristig gar nicht hätte bestehen können. Es verging kaum ein Tag, an dem ich nicht von der Stationsleitung in ihr Büro zitiert wurde. Zu kritisieren gab es für sie immer etwas. Hatte ich doch auch nach einer Zeit das Gefühl, dass nur darauf gewartet wurde, mich abmahnen zu können. Akribisch achtete ich darauf, bloß keine Fehler zu machen, um bloß keinen Anhalt für Negatives zu geben.

Es folgte nun auch der Prozess mit dem Arbeitgeber als Gegner. Diesen mit meinem Anwalt vorzubereiten kostete mich unendlich viel Zeit. Musste doch bewiesen werden, dass ich eine Abteilung leitete. Alle notwendigen Beweise sammelte ich und übergab sie meinem Anwalt für Arbeitsrecht. Zeugnisse, Korrespondenzen mit den Schnittstellenabteilungen, von mir unterschriebene Urlaubsgenehmigungen meiner Mitarbeiter, alles schön sortiert und vorbereitet nahmen wir mit zu unserer Verhandlung. Diesen Prozess verlor ich leider mit der Begründung keinen entsprechend geänderten Vertrag vorgewiesen zu haben. Mit dieser Niederlage ging ich also zurück auf die Station und verrichtete weiter dort meine Arbeit, immer auf der Hut keine Fehler zu machen.

Irgendwann viel mir auf, dass ich beobachtet wurde. Überkamen mich da jetzt auch Verfolgungen, die keine waren, so wie bei seiner ersten Frau? Oder warum sah ich da Personen, die mich ablichteten in meiner Freizeit? Nein, es war so, vor allem dann, wenn ich Meike besuchte. Wollte er uns doch ein Verhältnis nachweisen, um den Trennungsunterhalt nicht zahlen zu müssen. Dieses bekam ich zumindest schriftlich von seinem Anwalt. Dort wurde nämlich unterstellt, dass ich eine Affäre mit Meike gehabt hätte und somit kein Anspruch auf Leistung gegeben sei.

Meine älteste Tochter konnte sich nicht richtig einleben, so wie ich es mir gewünscht hätte. War sie doch schon so viele Jahre von uns getrennt gewesen. Ich hatte nun wieder keine Zeit, mich um die Belange meiner Kinder zu kümmern. War ich doch mit der Arbeitssituation und den Vorgehensweisen meines Mannes so sehr beschäftigt, dass da kein Platz mehr für was anderes war. Ich bekam mit wie sehr sie sich veränderte. Ich hatte den Verdacht des Drogenkonsums. Sie kam mitten in der Nacht nach Hause, rücksichtslos knallte sie die Türen, verschmutzte die Wohnung, das Bad und ihr Zimmer, war gedanklich nicht bei der Sache, sah blass aus und ging nicht zur Schule. Manchmal kam sie tagelang nicht nach Hause. Eines Tages fand ich in ihrem Zimmer kleine Tütchen die mit Drogen gefüllt gewesen sein mussten. Es roch in ihrem Zimmer nach Gras und anderem Zeug. Wieder hatte ich eine neue Baustelle, um die ich mich kümmern musste. Sie verneinte all meine Fragen, war für mich nicht mehr zugänglich gewesen. Meike sagte mir, ich solle zur Polizei gehen und die Tüten dort hinbringen, was ich dann auch machte. Sie wurde vorgeladen und musste sich rechtfertigen. Zwischenzeitlich war sie wieder von uns weggezogen und wurde zu gemeinnütziger Arbeit verurteilt.

Zusätzlich kam mir der Gedanke auf, auch dort auf geimpfte Mitarbeiter gestoßen zu sein. Ihr Verhalten mir gegenüber veränderte sich zunehmend. Mir wurde klar, dass Krankenhaus wollte mich nach 25-jähriger Mitarbeit nun loswerden. Ich wurde unbequem. War Meike doch auch mit dem Geschäftsführer des Krankenhauses befreundet und bekam dieser doch auch von der uns unterstellten Beziehung Wind. Ich hatte soviel damit zu tun, bloß keine Gegenstände wie Kugelschreiber oder Patientenzucker für ihren Kaffee in der Kitteltasche zu vergessen. Es war so anstrengend keine Fehler zu machen, bis zu dem Zeitpunkt, wo man mich absichtlich in eine Dienstzeit eingeteilt hatte, von der ich aber nie etwas erfuhr. Da ich natürlich auch nicht erschien, erfolgte die erste Abmahnung. Wie konnte das passieren, fragte ich mich? Nach der Abmahnung ging ich auf die Toilette und verletzte mich selbst an meinem Handgelenk. Ich konnte nicht mehr, war am Boden zerstört und wollte meinem Leben ein Ende setzen, ohne dabei an meine Kinder zu denken. Der anschließende Besuch bei meinem Hausarzt, mit dem mich schon eine sehr lange Freundschaft verbindet, hatte ich jahrelang nicht mehr gesehen. In seiner Praxis wartete ich im Warteraum auf meinen Untersuchungstermin.

Als ich ins Untersuchungszimmer gebeten wurde, kam er wenig später hinzu. Er sah mich an und fragte mich, was er denn für mich tun könne. Er siezte mich, weil er mich nicht erkannt hatte. Zu diesem Zeitpunkt musste ich schrecklich ausgesehen haben, so, dass man mich nicht wiedererkennen konnte. Er stellte aber schnell fest, dass ich es war, den er zu behandeln hatte. Mit einer längeren Pause wollte er mich nun erst einmal außer Gefecht setzen. Wenige Zeit später erfolgte der komplette Zusammenbruch. Zwischenzeitlich hatte ich ja immer noch mit dem Unterhaltsprozess zu tun. Ständige Briefe vom gegnerischen Anwalt erforderten meine Gegenwehr. Es gab ständige Unterstellungen seitens des Anwaltes meines Mannes, denen ich entgegenzusetzen hatte. Dann geschah es an einem Abend. Ich lag schon mit einem Schlafanzug gekleidet auf dem Sofa und hatte mir ein Glas Wein eingeschenkt. Was dann wenig später passierte, kenne ich nur durch Erzählungen der Kinder, weil ich mich bis zum heutigen Tage nicht mehr daran erinnern kann.

Als ich auf dem Sofa lag und meinen Wein getrunken hatte, war ich meiner Meinung nach eingeschlafen. Es geschah aber Folgendes: »Mama wach auf.«, versuchte mein Sohn mich zu wecken. Immer wieder versuchte er mich zu wecken, doch ich reagierte nicht. Die Augen sollen geöffnet gewesen sein, sagte mir mein Sohn. Als nach einer Weile keine Reaktion meinerseits zu erkennen war, riefen meine Kinder den Krankenwagen. Sie brachten mich ins Krankenhaus. Dort wurde ich untersucht und blieb dort 14 Tage auf einer psychiatrischen Station. Meine Erinnerungen kamen nur ganz langsam zurück und reichen nur bis zu dem Zeitpunkt meines Krankenhausaufenthaltes. Es wurde mir von dort empfohlen mir professionelle Hilfe zu suchen, was ich auch tat. Über längere Zeit hinweg hatte ich kein Zeitgefühl mehr. Weder das Datum, der Wochentag, noch die Uhrzeit waren mir mehr vertraut. Wöchentlich ging ich zur Therapie, um meine Kränkungen aufzuarbeiten. Es war mir irgendwann egal, was mit dem Unterhaltsprozess wurde. Innerlich versuchte ich meine Existenz der letzten Jahre zu vergessen, genauso wie das Datum oder den Wochentag.

Sonett

Das Schicksal selten uns verwöhnt,
doch oft bringt Widrigkeiten,
und manchmal selbst im Traum verhöhnt,
was wir für uns bereiten.
Das Leben scheint dann ungerecht,
weil wir die Sicht verkehren,
und Horizonte sieht man schlecht,
wenn wir zu stark uns wehren.
Der Mensch erfährt die Wahrheit spät,
bis er die Liebe spürt,
die uns ein Mensch in Liebe sät,
wenn uns sein Herz berührt.
Das Schicksal ist uns plötzlich hold,

Die Liebe strahlt wie Gold

Es kam der Tag, an dem die Entscheidung für die Unterhaltsleistungen am Amtsgericht verhandelt werden sollte. Mittlerweile wurde bei mir eine depressive Erkrankung mit einhergegangenem Burn-out-Syndrom diagnostiziert. Während der Verhandlung hatte ich meinen Mann gar nicht zu Kenntnis genommen. Ich sah ihn nicht an und für mich war er nicht präsent. Lautes Gelächter zwischen ihm und seinem Anwalt hatte ich vernommen. Laut Urteil musste er den Unterhalt bis zum Trennungszeitpunkt rückwirkend nachzahlen. Ich war dann doch erleichtert, konnte ich somit einen Teil meiner Schulden bezahlen, die ich machen musste.

Es folgte nun eine etwas ruhigere Zeit um mich und meinen Mann herum. Meine Gesundheit stand jetzt im Fokus meines Arztes und Meike. Eine Wiedereingliederung ins Stationsleben sollte erfolgen. Um mir die Vorschläge unserer Pflegedienstleitung anzuhören, folgte ich einem gemeinsamen Termin, der aber leider erfolglos blieb. Sie waren völlig unvorbereitet und konnten mir nichts anbieten, was meiner mittlerweile erworbenen Schwerbehinderung hätte gerecht werden können. Es erfolgte ein weiterer Termin mit der Personalabteilung, welche mir vorschlug, doch aufgrund meiner Behinderung einen Rentenantrag zu stellen. Sie könnten mich nicht weiter beschäftigen, wurde mir mitgeteilt. Ich wusste, dass es eine Endlösung geben musste, beantragte aber erst einmal eine Rehabilitation beim Rententräger, welche erst abgelehnt, aber später genehmigt wurde. Zwischenzeitlich schrieb mich mein Arzt weiterhin krank. 2011 war es dann soweit. Meine Kinder versorgten sich selbst, als ich meine Reha-Maßnahme antrat. Aufgenommen wurde ich in einer Klinik für psychisch somatisch erkrankte Menschen. Mit Musiktherapien, Massagen, Rehaschwimmen und Einzelgesprächen sollte meine Leistungsfähigkeit für den allgemeinen Arbeitsmarkt wiederhergestellt werden. Als ich nach sechs Wochen wieder entlassen wurde, konnte ich zumindestens sagen, mich ein wenig von den Strapazen der letzten Wochen und Monate erholt zu haben. Weiterhin litt ich aber unter permanenten Erschöpfungszuständen, die einen Teil meiner Lebensqualität nahmen. Der Rententräger lud mich nach der Reha-Maßnahme zu einer beruflichen Umschulung für ganze neun Monate ein. Meine Erfahrungen sowohl in der Medizin, als auch in der Pflege sollten dort zum Tragen kommen. Die Umschulungsmaßnahme sollte mir neue Möglichkeiten eröffnen, damit ich beruflich wieder Fuß fassen könne. In dieser Zeit traf ich Menschen mit gleichen oder auch anderen Schicksalen, war ich nun nicht mehr ganz alleine auf dieser Welt. Wie sollte ich einen Arbeitstag überstehen, wenn mich ständig diese Müdigkeit und Erschöpfung begleitet, fragte ich mich. Auch dort musste ich mich stets am Mittag in der Pause hinlegen, konnte mich nur sehr schwer konzentrieren. Als nun ausgebildete medizinische Kodierfachkraft schöpfte ich neue Hoffnung, bei meinem eigenen Arbeitgeber einen Platz zu finden. Hatten sie in der Pflege für mich doch nichts adäquates gefunden, aber vielleicht doch jetzt? Das war meine Chance, dachte ich. Voller Zuversicht traf ich mich erneut mit meinem Arbeitgeber, um festzustellen, ob man mich nun mit zusätzlich erworbener Weiterbildung beschäftigen kann. Hatte ich doch einen unbefristeten Arbeitsvertrag seit über 20 Jahren und wollte diesen auf gar keinen Fall auf den Prüfstand stellen.

Eingeladen wurde ich in einer zusammengesetzten Konstellation, die mich nur verlieren lassen konnte.

Anwesend waren der Personalleiter, die Pflegedienstleitung, der Mitarbeiterrat, der Betriebsarzt und meine Wenigkeit. Einstimmig wurde von deren Seite nochmals darauf hingewiesen, für mich keine Verwendung mehr zu haben. Ich sollte doch meinen Vertrag kündigen und mich woanders nach neuen Möglichkeiten umschauen. Auch das spätere Einschalten des Beauftragten für Fragen von Behinderten der Stadt brachte in der Einsicht der Geschäftsführung keinen Erfolg mit sich. Ich litt unter Existenzängsten, die man sich so kaum vorstellen kann. Meike brachte mich auf die Idee, den Beauftragten für Behindertenrechte in Anspruch zu nehmen und mit einzuschalten. Alleine würde ich das so nicht hinbekommen, dachten wir. Doch auch da musste ich wieder meinen Anwalt für Arbeitsrecht mit ins Boot holen, der mir versicherte, dass ein Muss seitens des Arbeitgebers bestand, mich mit meiner Schwerbehinderung wieder aufzunehmen. Ein gerechter auf meine Erkrankung abgestimmter Arbeitsplatz sollte doch in einer so großen Klinik möglich sein, sagte er.

Zwischenzeitlich ergab sich auch die Tatsache, dass mein Übergangsgeld, welches ich von der Rentenversicherungsanstalt bezog, auslief. Hinzu kam, dass mein Trennungsjahr vorbei war und damit auch der rechtliche Anspruch auf Unterhaltsleistungen. Meine Scheidungsanwältin plädierte aber auf Weiterzahlung, da ich nun erkrankt sei und zu diesem Zeitpunkt nicht fähig gewesen war, meine Existenz zu sichern. Dieser Auffassung war mein getrennt lebender Mann keinesfalls, im Gegenteil. Wieder ließ er mich im Privatbereich fotografieren, um zu beweisen, dass ich meine Erkrankung nur erfunden hätte, um an seine Gelder zu gelangen. Schließlich käme ich ja aus dem medizinischen Bereich, sagte er und wüsste sehr genau, wie die Symptomatik meiner Krankheit aussehen würde. Das ließ er mir auch über seinen Anwalt samt der Fotos mitteilen.

Es dauerte auch nicht lange, bis sich mein Arbeitgeber, nach mehreren Schriftwechseln mit dem Behindertenbeauftragten, wieder meldete und mir schriftlich mitteilte, mich wieder einzustellen. Man versicherte mir einen entsprechenden Arbeitsplatz zuweisen zu können. Pünktlich traf ich mich nach vereinbarter Uhrzeit mit der Pflegedienstleitung im Eingangsbereich unseres Krankenhauses. Ich war zuversichtlich und hoffte wieder einmal umsonst. Als sie mich dann zu meiner alten Station begleitete und ich zu den normalen Diensten eingeteilt wurde, ohne jegliche Veränderung, war ich erschüttert. Sofort stellte ich fest, dass es keinesfalls zu irgendwelchen Veränderungen gekommen war, nein ganz im Gegenteil. Von den Mitarbeitern wurde ich zu den Schwerstpflegefällen geschickt, um sie pflegerisch zu versorgen und das obwohl der Entlassungsbericht der Rehaklinik dies ausschließlich verboten hatte. Lag meiner Pflegedienstleitung dieser Entlassungsbrief doch vor. Er wurde ihr durch mich persönlich ausgehändigt. Da sah ich mich wieder, so wie zuletzt auf dieser Abteilung mit all den Wunden der Missachtung, die da wieder hochkamen. Am selben Tag konsultierte ich, nach Absprache mit meinem Anwalt, den Hausarzt, welcher mir ein schriftliches Attest ausstellte mit dem Hinweis mich behindertengerecht zu beschäftigen und einem Verbot aus gesundheitlichen Gründen weiter Menschen zu pflegen. Diese Bescheinigung händigte ich noch am selben Tage der Pflegedienstleitung aus. Sie teilte mir danach mit, dass ich dann natürlich nicht auf der Station weiter arbeiten könne. Das war doch nichts Neues für sie, dachte ich. Hatten wir uns doch genau deshalb mehrfach getroffen, um zu überlegen wie ich eingesetzt werden könne. Aus diesem Grunde fand doch auch die Umschulungsmaßnahme statt. Nein, man wollte mich einfach nur loswerden und deshalb auch die Schikanen all die Monate hinweg. Einmal so und dann wieder anders! Mein Anwalt riet mir dann, mich doch von der Klinik zu trennen. Er schlug mir vor, mich abfinden zu lassen. Aber was sollte dann danach kommen, dachte ich? Arbeitslosigkeit wird die Folge sein. Meinen Vorschlag gegenüber der Personalabteilung mich abzufinden wurde natürlich abgelehnt und es kam wie es kommen musste. Der nächste Prozess stand vor der Tür. Entweder erfolgt eine entsprechende Weiterbeschäftigung, oder es gibt eine angemessene Abfindung. Das war unser Ziel. In dieser Zeit war ich doch sehr verletzt. Nach all den Jahren meiner Arbeit, zuzüglich meiner Tätigkeit als leitende Pflegekraft ohne entsprechender Vertragsänderung, mit dem

Aufbau und der Gestaltung der Ambulanz beauftragt, sowie die Repräsentation unserer Abteilung nach außen hin, als auch meine Kontakte zu den Selbsthilfegruppen, welche ich gepflegt hatte, all diese Verdienste waren nun nichts mehr wert.

So wie es sich in der Vergangenheit immer gezeigt hatte verweigerte mein Mann die weiteren Unterhaltsleistungen für mich und auch hier folgte eine Anklage. Wieder hatte ich gleichzeitig zwei Prozesse zu überwinden und aufzupassen, dass nichts schief läuft. Dieses Mal jedoch schien sich das Glück aber auf meine Seite geschlagen zu haben. Beide Prozesse wurden zu meinen Gunsten entschieden. Die Unterhaltszahlungen wurden in einer Summe festgelegt und die Abfindung fiel besser aus, als mein Anwalt und ich dachten. Der Richter verwies meinen Arbeitgeber noch darauf hin, dass ich sogar Anspruch auf Schadensersatz hätte und sie froh sein könnten, so glimpflich davon gekommen zu sein.

Ende

2012 kam dann die Scheidung und für mich ergab sich daraus ein Abschluss meiner vergangenen Jahre. Ich widmete mich privat weiterhin dem Windhundsport mit mittlerweile fünf Windhunden und verdiente mein Geld in einer Klinik in Duisburg als medizinische Kodierfachkraft. In den letzten zwei Jahren kamen aber leider noch so viele Erkrankungen dazu, dass ich teilweise berufsunfähig wurde und eine private Berufsunfähigkeitsrente beziehen muss. Das mit der Kodierung ging auch nicht lange gut. Durch Zufall entdeckte ich in unserem Stadtblättchen eine Stellenanzeige, wo noch Dozenten im Gesundheitswesen gesucht wurden. Mit meinen Kenntnissen, die ich mitbrachte bewarb ich mich und aus dem Vorstellungsgespräch wurde schnell ein Einstellungsgespräch. Bis zum heutigen Tag bin ich nun beschäftigt als Dozentin im Gesundheitswesen an einer anerkannten Schule für Pflegeberufe. Ich bilde jetzt nur noch mit aus und habe damit auch einen Traumjob gefunden, der mich mit einer Halbtagsbeschäftigung komplett auslastet und fordert. Auch habe ich erfahren dürfen, dass es Vorgesetzte gibt, die ihren Mitarbeitern eine ganz andere Wertschätzung und Fürsorge entgegenbringen. Ein liebevolles Miteinander mit den Kollegen und Vorgesetzten bestimmen jetzt an meinem Arbeitsplatz den Alltag.

Mein ältester Sohn studiert Psychologie, hat aber seit der Abiturzeit unter permanenten Halsschmerzen zu klagen. Untersuchungen in allen Fachabteilungen haben zu keinem Ergebnis geführt. Selbst das Entfernen seiner Mandeln brachte ihm keinen Erfolg. Meine älteste Tochter befindet sich noch auf dem Grad der Selbstverwirklichung ohne Drogen zu nehmen, hat aber Probleme sich an einen Mann zu binden. Meine jüngste Tochter macht jetzt eine Ausbildung im Gesundheitswesen und hat einen festen Freund. Auch sie benötigte eine lange Zeit ihm zu vertrauen. Der Jüngste lebt bei Tom und besucht das Gymnasium in der elften Klasse. Alle Kinder haben seelische Narben davon getragen, die heute ihren eigenen Alltag mitbestimmen. Meike ruft weiterhin regelmäßig bei uns an und wir können uns ohne irgendwelche Sorgen besprechen zu müssen um unsere Freundschaft kümmern.

Abschließend kann ich sagen, dass die Ambulanz laut Patientenaussagen nicht mehr so besteht, wie zu meiner Zeit. Es sollen Selbsthilfegruppen den Förderverein verlassen haben. Alte Freundschaften existieren auch seit Jahren nicht mehr. Freunde und Patienten haben aus persönlichen Gründen ihr ehrenamtliches Amt im Förderverein niedergelegt.

Wie mein ältester Sohn schon sagte: »Du wirst irgendwann ganz alleine da stehen!«